태토의 부자되는 시간

태토의 부자 되는 시간

2020년 10월 20일 초판 1쇄 발행
2021년 6월 20일 초판 2쇄 발행

글 | 박성현
그림 | 영민

발행인 | 정동훈
편집인 | 여영아
편집 | 송미진, 김상범
디자인 | 장현순
제작 | 김종훈
발행처 | ㈜학산문화사

등록 | 1995년 7월 1일 제3-632호
주소 | 서울 동작구 상도로 282 학산빌딩
전화 | 편집 문의 02-828-8873, 8823 영업 문의 02-828-8962
팩스 | 02-823-5109
홈페이지 | www.haksanpub.co.kr

ⓒ박성현, 영민 2020
ISBN 979-11-348-7306-6 74810
ISBN 979-11-348-7307-3 (세트)

※KC마크는 이 제품이 공통안전기준에 적합하였음을 의미합니다.
※이 책은 저작권법에 따라 한국 내에서 보호받는 저작물이므로 무단 전재와 무단 복제를 금합니다.
　이 책의 전부 또는 일부를 이용하려면 반드시 저작권자와 출판사의 동의를 받아야 합니다.
※잘못된 책은 바꾸어 드립니다.

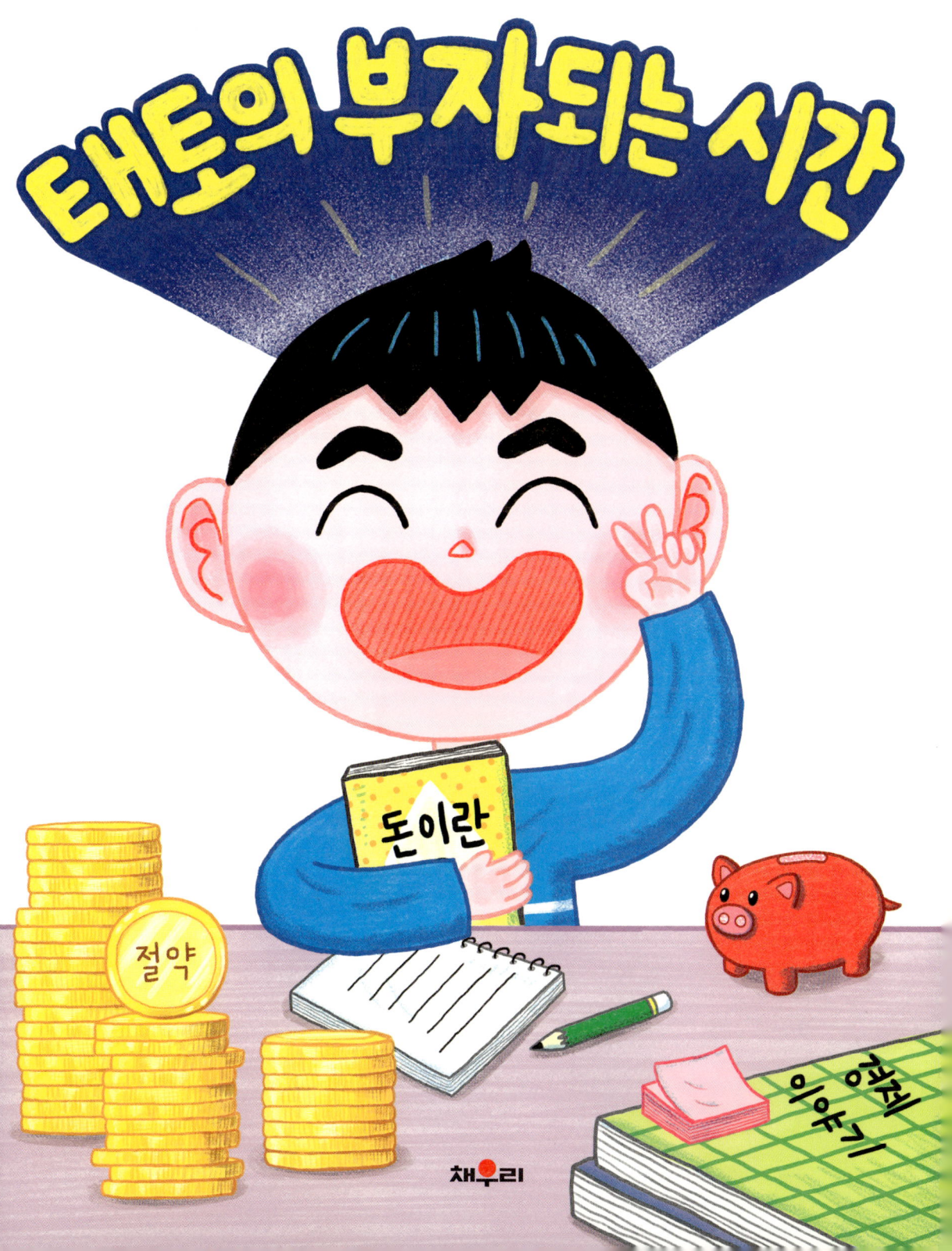

| 머리말 |

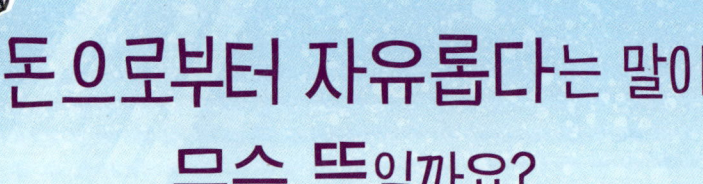

돈으로부터 자유롭다는 말이 무슨 뜻일까요?

'세상에는 돈이 없어 힘들고 불행한 사람들이 많습니다.
물론 돈이 없어도 즐겁고 행복하게 사는 사람들도 있습니다.'
그런데 이 말 속에 정답이 숨겨져 있습니다.
돈이 없어서 힘들고 불행한 사람들은 많지만
돈이 없어도 즐겁고 행복하게 사는 사람들은 찾아보기 힘듭니다.
사랑, 우정, 평화, 건강 등 세상에는 돈보다 중요한 가치가
얼마든지 있습니다. 하지만 역설적이게도 이런 것들은
돈이 없으면 지켜 내기 어려워지는 것들이기도 합니다.
돈으로부터 자유로우려면 바로 돈이 있어야 한다는 뜻입니다.
가난한 사람들은 돈을 위해 일을 하고 돈 때문에
걱정과 고민을 하지만, 부자들은 그렇지 않습니다.

부자가 되면 좋은 일, 하고 싶은 일을 마음껏 할 수 있거든요.

부자가 된 의사는 병원을 지어 더 많은 사람을 치료할 수도 있고,

부자가 된 선생님은 가난한 나라에 학교를 만들어 돈이 없어

공부를 하지 못하는 아이들을 도울 수도 있습니다.

이제 동화 속의 나쁘고 못된 부자들은 잊으세요.

스크루지는 착한 사람이 되고 나서도 여전히 부자였고,

착한 흥부는 제비가 물어다 준 박씨 덕분에 부자가 되었어도

여전히 착하게 살았습니다.

부자가 되는 방법을 알면 여러분도 부자가 될 수 있습니다!

박성현

| 차례 |

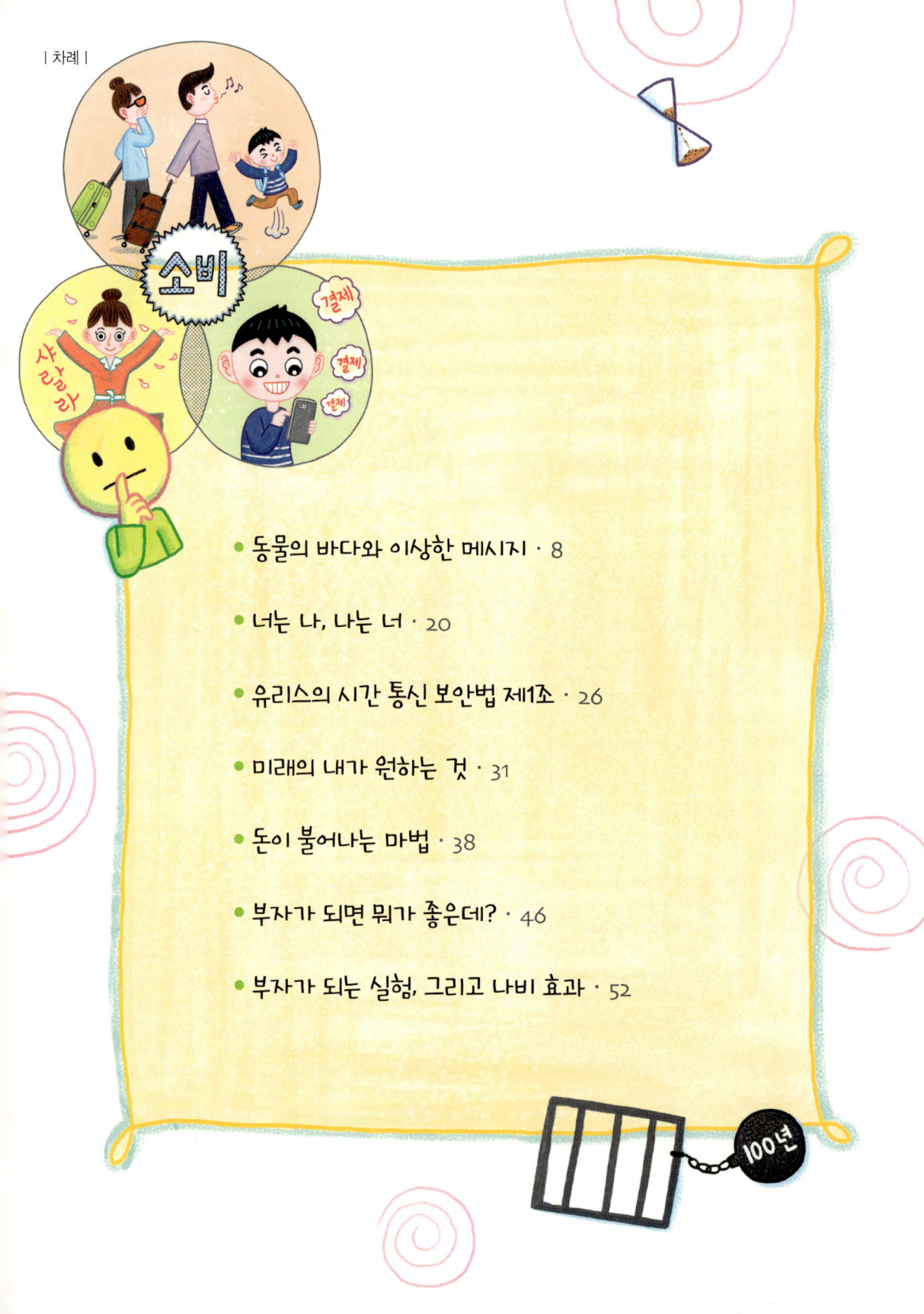

- 동물의 바다와 이상한 메시지 · 8

- 너는 나, 나는 너 · 20

- 유리스의 시간 통신 보안법 제1조 · 26

- 미래의 내가 원하는 것 · 31

- 돈이 불어나는 마법 · 38

- 부자가 되면 뭐가 좋은데? · 46

- 부자가 되는 실험, 그리고 나비 효과 · 52

- 돈 버는 두 가지 방법 · 62
- 돈이 돈을 버는 크기 · 72
- 돈이 자라는 나무는 씨앗 먼저 · 78
- 학용품을 아껴 쓰면 부자가 된다고? · 82
- 지렛대의 도움을 받아라 · 88
- 주식이 뭐길래 · 96
- 내일은 부자 · 102

동물의 바다와 이상한 메시지

준서가 학교에서 인기 스타가 된 것은 모두 '동물의 바다'라는 게임 때문이다. 게임 속에서 부자가 된 녀석은 반 친구들에게 예쁘고 멋진 조개 아이템을 마구 선물하고 다녔다. 내가 아무리 부자가 된 비결을 물어봐도, 비밀이라며 도무지 알려 주려고 하지 않았다. 답답했지만 솔직히 부러웠다.

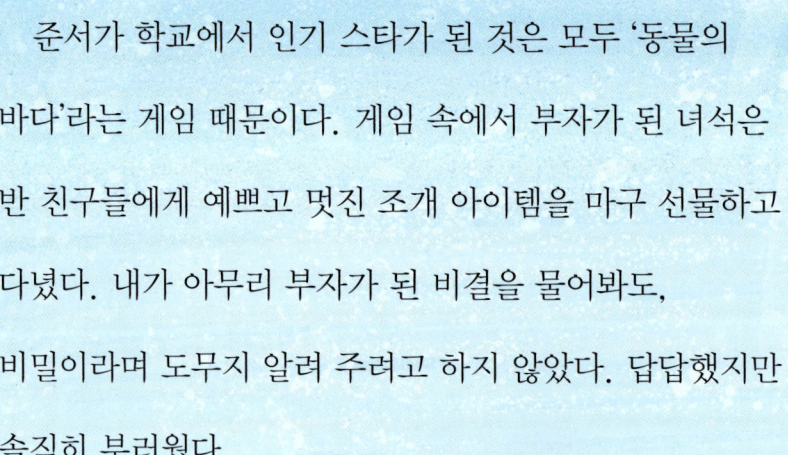

　준서처럼 부자가 되기 위해 나도 온종일 게임에 매달려 봤지만 여전히 미역을 엮어 만든 초라한 집에서 살아야 했다. 반면에 준서는 푸른 산호와 빛나는 에메랄드로 뒤덮인 호화스러운 바다 동굴에서 살고 있었다.

　내가 게임에서 문어 아저씨의 플랑크톤 가게에서 일하고 얻는 돈은 쥐꼬리만 해서, 아무리 모으고 또 모아도 미역 집을 벗어날 수 없었다.

　'혹시 아빠라면 동물의 바다에서 부자가 되는 비밀을 알 수도 있지 않을까?'

늘 지쳐 보이는 아빠는 캠핑 용품을 만드는 회사에 다닌다. 내가 학교에 가지 않는 주말에도 회사에 가서 일하는 아빠지만 정작 우리 가족은 단 한 번도 캠핑을 간 적이 없다.

엄마도 마찬가지다. 엄마는 나에게 누가 '너희 엄마는 무슨 일을 하시니?'라는 질문을 받으면 꼭 '미용실 사장님이세요'라고 답하라 했다. 엄마는 우리 동네에 있는 작은 미용실의 사장님이지만 직원은 한 명도 없다.

아빠는 열심히 일하는 것만이 우리 가족이 행복해질 수 있는 유일한 길이라고 말했다. 엄마 역시 아빠와 비슷한 이야기를 자주 했다. 우리 가족이 함께 시간을 보내거나 나와 놀아 주지 못하는 이유가 전부 우리 가족의 행복을 위해서라는 것이다. 그런데 난 전혀 행복하지 않다. 앞으로도 행복해질 것 같지 않아 보인다.

엄마는 행복은 돈으로도 살 수 없다는 말을 종종 한다. 돈이 없으면 행복할 수 없는데 행복은 돈으로 살 수 없다니? 열한 살인 나의 작은 머리로는 도저히 이해할 수 없는 일이다.

그래도 나보다 몇 배의 인생을 더 산 아빠와 엄마라면 '동물의 바다'에서 부자가 될 수 있는 방법 정도는 충분히 알고 있으리라 생각했다.

"뭐? 부자가 되고 싶다고?"

아빠는 그런 게 도대체 왜 궁금하냐는 듯 되물었다.

"준서의 상어는 항상 놀기만 하는데도 점점 더 부자가 되어 가고 있는데, 내 거북이는 매일매일 일만 하는데도 항상 돈이 없는 이유를 도무지 모르겠다고요!"

나는 잔뜩 볼멘 목소리로 불만을 늘어놓았다. 그러자 엄마가 말했다.

"엄마도 그 게임 해 봐서 아는데, 문어 아저씨의 플랑크톤 가게 말고 집게 사장의 해초 농장에서 일하는 게 훨씬 더 많은 돈을 벌 수 있을 것 같던데?"

엄마의 조언은 아무런 도움도 되지 않았다. 나는 이미 집게 사장의 해초 가게에서도 일하고 있었기 때문이다.

"아니지. 해초 농장보다는 불가사리 장사가 훨씬 낫지……."

아빠와 엄마는 항상 열심히 일한다. 그럼에도 우리는 여전히 부자가 아니라는 사실을 잘 알고 있는 나는 부모님으로부터는 '동물의 바다'에서 부자가 되는 제대로 된 답을 얻어 내지 못할 것을 직감했다.

"해초 농장이 훨씬 더 낫다니까요! 정해진 날에 따박따박 받는 월급이 최고라고요!"

내가 답 얻기를 체념한 이후에도 아빠와 엄마의 열띤

토론은 멈출 줄 몰랐다.

"무슨 소리예요! 돈을 벌려면 장사를 해야지요! 나를 좀 봐요! 빤한 월급만으로는 절대 부자가 될 수 없어요. 불가사리 장사를 하면 월급이랑은 비교할 수 없을 정도로 많은 돈을 벌 수 있을 거라고요."

"그렇게 잘 아시는 분이 편의점을 했다가 손해만 보고 팔아 버리셨어요?"

"아니, 여기서 편의점 이야기가 갑자기 왜 나와요?"

이렇게 우리 가족의 단란했던 저녁 식사 자리는 엄마와 아빠의 단골 부부 싸움 주제인 편의점 이야기로 번져 버렸다.

그사이 나는 슬며시 내 방으로 들어가 벌러덩 침대에 누웠다. 그리고는 스마트폰을 켰다.

'속 편하게 게임이나 하자!'

그때 스마트폰 액정에 이상한 메시지 하나가 떠올랐다. '태토'라는 닉네임에게서 온 메시지였다. 닉네임을 본 나는 놀라지 않을 수 없었다. '태토'는 내 닉네임이기도 하기 때문이었다. 내 이름은 태서지만 아주 어렸을 때부터 부모님은 나를 태토라는 애칭으로 불렀다. 흔치 않은 닉네임이라 같은 닉네임을 사용하는 사람에게서 온 메시지는 나의 관심을 끌기에 충분했다.

– 태토야! 하이루!

짧은 인사말이 전부였지만 내가 놀랄 수밖에 없던 이유가 하나 더 있었다.

'하이루'는 기분이 아주 좋을 때 내가 엄마를 부르는 말이었기 때문이다. '하이루, 엄마!'라고 하면 엄마는 오늘 내가 기분이 몹시 좋다는 사실을 알아챘다. 나와 같은 닉네임을 쓰는 누군가가 나의 말까지 따라 하다니! 분명 나를 잘 알고 있는 사람이라는 확신이 들었다.

'혹시 엄마가 장난을 치고 있는 것은 아닐까?'

나는 방문을 슬며시 열어 거실 쪽을 살펴보았다. 엄마는 여전히 아빠와 말다툼 중이었다. 다시 책상에 앉은 나는 뚫어져라 핸드폰 메시지를 바라보았다.

'그래, 맞아! 이게 바로 보이스 피싱이라는 거구나!'

TV에서 '보이스 피싱'이라는 사기를 당해 큰돈을 빼앗겼다는 뉴스를 본 기억이 떠올랐다. 이 사실을 빨리 부모님에게 알려야겠다고 생각한 나는 방문을 열어젖히고 그대로 뛰쳐나가 힘껏 소리쳤다.

"엄마! 아빠! 큰일 났어요! 지금 두 분이 다투고 계실 때가 아…….'

그런데 방금 전까지만 하더라도 서로 잡아먹을 듯 으르렁대며 싸우던 부모님은 온데간데없고, 아빠 품에 안겨 눈물을 글썽이는 엄마가 보였다. 엄마는 부끄러웠는지 괜히 아빠를 밀치더니 흘겨보기까지 했다.

"태토야, 무슨 일 있니?"

나는 스마트폰을 들어 보이며 말했다.

"큰일 났어요! 이거 보이스 피싱인 것 같아요!"

"태토야, 보이스가 뭔지 알아?"

아빠가 웃으며 말했다.

"보이스? 그게 뭐예요?"

"보이스는 영어인데, 우리말로는 목소리라는 뜻이야."

"그래요? 어쨌든 그 보이스 피싱인 것 같다고요."

"그래, 그런데 목소리가 없잖아. 그럼 보이스 피싱이 아니겠지?"

"그래도 아빠……. 이거 좀 이상……."

나는 아빠에게 수상한 메시지를 보였다. 아빠는 메시지를 슥 살펴보더니 대수롭지 않다는 듯 말했다.

"목소리가 아닌 메시지로도 다른 사람을 속이는 나쁜 짓을 하기도 하지. 그런 걸 스미싱이라고 해. 그러니까 이 메시지는 보이스 피싱은 당연히 아니고, 스미싱도 아닌 것 같은데? 그냥 인사한 게 전부잖아. 더 중요한 건 넌 빼앗길 돈이 한 푼도 없지 않니? 용돈을 받자마자 곧바로 다 써 버리니까."

예상치 못한 아빠의 공격에 당황한 나는 창피한 생각이 들어 더 이상 대꾸하지 않고 다시 방으로 들어갔다.

스매싱인지 스미싱인지 하는 게 아닌 것만 확인해 주면

되지, 괜한 꾸중을 들은 것 같아 기분이 좋지 않았다.

'당장 이상한 메시지를 지워 버려야겠다!'

그것이 내가 할 수 있는 최선의 행동이었다.

너는 나, 나는 너

　겨울 방학이 끝나 갈 즈음, 내 거북이는 간신히 미역으로 만든 집에서 벗어날 수 있었다. 어찌 보면 이전과 크게 다를 것도 없다. 미역보다는 조금 더 튼튼한 다시마로 만든 집으로 이사한 게 전부였으니까.
　나에게 왔던 이상한 메시지는 내 머릿속에서 깔끔히 지워져 있었다. 하지만 할아버지가 준 세뱃돈으로 그동안 너무나도 사고 싶던 게임 아이템을 사기 위해 스마트폰을 켠 순간, 아빠가 가르쳐 준 '스미싱'이라는 단어가 다시 한번 머리를 땅 하고 내리쳤다. 메시지가 또 왔기 때문이다.

- 태토야, 다시 한번 생각해 봐!

누군가 나를 지켜보고 있다는 느낌이 들어 아무도 없는 게 분명한데도 주위를 한번 둘러보았다. 당연하게도 방에는 나 혼자뿐이었다. 나는 재빨리 메시지를 삭제했다. 그리고 게임 아이템을 사기 위해 앱 스토어에 접속했다. 그때 '태토'에게서 또 다른 메시지가 도착했다.

- 태토야, 잠깐 내 얘기 좀 들어 보라니까!

나는 중요한 순간을 방해하는 또 다른 태토에게 화가 났다. 그리고 잠시 고민하다 메시지를 보냈다.

- 한 번만 더 메시지를 보내면 경찰에 신고해 버리겠어!

또 다른 태토에게서 온 답장은 의외였다.

- 태토야, 난 미래의 너야! 너를 부자로 만들기 위해 이렇게 **메시지를 보낸 거야!**

정신병자가 보낸 메시지이거나 친구의 장난이

분명했다. 나는 다시 한번 메시지를 삭제하기로 했다.

그때 다시 알람이 울렸다.

- 지금 '나이트 가르마브의 검'을 산다면 분명 후회하게 될 거야!

깜짝 놀란 나는 하마터면 스마트폰을 바닥에 떨어뜨릴 뻔했다.

- 내가 '나이트 가르마브의 검'을 사려고 했다는 걸 어떻게 안 거야? 아직 아무한테도 말한 적이 없는데?

'동물의 바다' 게임에서는 절대로 부자가 될 수 없다고 판단한 나는 다른 게임에 열을 올리던 참이었다.

- 내가 바로 너니까 당연히 알고 있지.

- 그럼 지금 내가 미래의 나와 이야기하고 있다는 뜻이야?

- 그래, 맞아! 내 나이가 너보다 훨씬 많다는 것만 빼면, 나는 너랑 완전히 같은 사람이라고!

나는 당연히 그 말을 조금도 믿을 수 없었다. 그런 황당한 말을 믿으라고? 하지만 미래의 나라고 주장하는 녀석의 말이 사실인지 확인해 보기로 했다. 그래서 나만 혼자 알고 있는 몇 가지 비밀을 물어보기로 했다.

- 내가 지금 좋아하고 있는 우리 반 여자아이의 이름은?

- 박인서!

1초의 망설임도 없이 정확한 답이 도착했다. 솔직히 조금 놀랐지만 친구들 중에 한두 명은 대충 눈치챌 수도 있지 않을까 싶었다.

- 그럼 내가 아무에게도 말하지 않았고, 죽을 때까지 비밀로 하려고 마음먹고 있는 창피한 일은?

이런 일이라면 실수로라도 누군가에게 말했을 리가 없다.

- 그건…….

역시나 제대로 대답하지 못했다.

- 그것 봐! 잘 모르겠지?

- 아니, 아니. 잠깐만! 너무 오래전 일이라서 기억해 내는 데 시간이 좀 걸릴 뿐이야. 아, 맞다! 열 살 때 실수로 팬티에 설사하고 엄마 몰래 가져다 버린 거 아닌가? 아니면 학교에서 몰래 코 파다가 코피가 나서 양호실에 간 거? 아니다! 갑자기 코피가 나는 바람에 팬티에 설사했던가?

- 그, 그만!

녀석은 모든 것을 알고 있으면서도 나를 놀렸던 것이다.

- 난 너라니까. 이제 그만 인정하는 게 어때?

그 말은 틀림없었다. 녀석은 내가 분명했다.

유리스의 시간 통신 보안법 제1조

- 어떻게 이럴 수가 있지? 타임머신이라도 타고 온 거야?

처음엔 미래의 내가 시간 여행을 해서 과거로 온 것이라고 생각했다.

- 아니. 정확히 말하지만 나는 지금 미래에 있어. 내가 보내는 메시지만 타임머신을 타고 과거로 가는 거라고 할 수 있지.

반대로 네가 보내는 메시지는 미래에 있는 나에게 전달되고 있고.

어떤 영화에서 미래의 나와 과거의 내가 서로 마주치게 되면 시간이 꼬여 대혼란이 일어나면서 우주가 폭발할 수도 있다는 것을 본 적이 있다. 녀석의 말을 들으니 적어도 우리는 서로 만날 일은 없을 것 같아 조금은

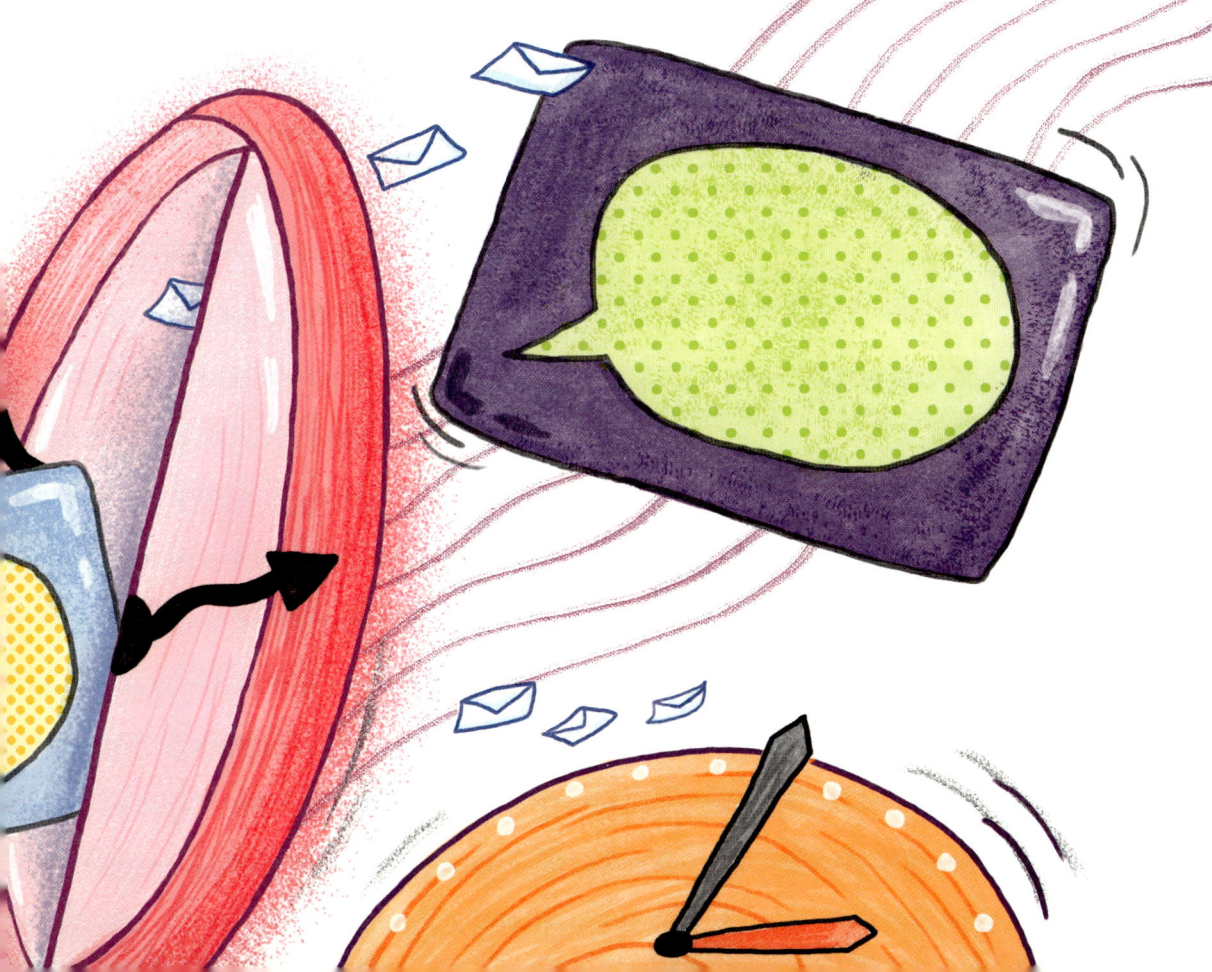

안도감이 들었다. 하지만 아직 의문이 다 풀리지 않은 나는 계속해서 미래의 태토에게 물었다.

　- 그래! 어쨌든 어떻게 그게 가능한 거냐고?

　- 지금 그게 중요한 게 아니야. 시간이 별로 없다고! 내가 네가 해야 할 일을 빨리 알려 주는 게 중요한 일이야.

　- 내가 해야 할 일? 그게 뭔데?

　- 네가, 아니 내가……, 아니 우리가 부자가 되기 위한 일.

　- 부자? 부자가 되면 좋지. 그럼 부자가 되려면 어떻게 해야 하는데? 아, 맞다! 로또 1등 당첨 번호를 알려 주면 되겠네!

　- 안타깝지만 그건 불가능해. 이걸 제대로 설명하려면 네가 '유리스의 시간 역학 이론'을 먼저 이해해야 하는데…….

미래의 태토는 갑자기 어려운 말을 꺼내며 유식한 척했다. 열한 살인 나보다 학교도 더 많이 다녔을 테고, 그만큼 공부도 더 많이 했을 테고, 또 세상도 더 많이 살았을 테니 나보다 훨씬 똑똑할 게 분명했다. 하지만 잘난 척은 그 대상이 미래의 나라고 해도 듣기 싫기는 매한가지다.

- 잠깐! 유리스인지 구리스인지 나는 도대체 무슨 소린지 하나도 모르겠고, 그냥 로또 1등 당첨 번호나 알려 주라니까!

- 구리스가 아니라 유리스! 참고로 유리스는 시간 통신 기술을 발명한 과학자의 이름이야.

- 구리스든 유리스든 난 그런 건 관심 없다니까!

미래의 태토는 나에게 대답 대신 사진 한 장을 보냈다.

 ## 유리스의 시간 통신 보안법

제1조

1. 미래에서 과거로 시간 통신 메시지를 송신할 때는, 최소 20년 이전의 자신에게만 허용된다.
2. 과거에서 시간 통신 메시지를 수신한 자는 해당 사실을 비밀로 해야 한다.
3. 미래에서 과거로 시간 통신 메시지를 보내는 자는 자신의 개인적 사항 외에 미래에 벌어지는 일체의 일에 대해 말할 수 없다. (예: 로또 당첨 번호, 스포츠 경기 결과, 주식 및 부동산 가격 정보 등)
4. 시간 통신 시간은 총 1시간을 넘길 수 없다.

※ 위의 4개 조항 중 어느 하나라도 지키지 않을 경우 시간 통신은 즉시 중단되며, 100년 이상의 징역형에 처한다.

- 배, 백 년 동안 감옥에 갇히게 된다고?

미래의 내가 원하는 것

- 우리의 모든 대화는 인공 지능 로봇이 실시간으로 감시하고 있어. 혹시 친구나 다른 사람들에게 자기가 미래의 자신과 메시지를 주고받았다는 이야기를 들은 적 있어?
- 아니, 당연히 없지.
- 바로 유리스의 시간 통신 보안법 때문이야. 아마 거의 대부분의 사람이 미래의 자기 자신과 대화한 경험이 있을 거야. 미래에서는 스마트폰 앱 하나만 다운받으면 그리 어렵지 않은 일이거든. 아빠가 어느 날 갑자기 술과 담배를 끊고 운동 시작했던 것, 기억나?
- 그럼 그것도?

나는 아빠가 하얗게 질린 얼굴로 집에 와서는 오늘부터 술과 담배를 끊겠다고 선언했던 날을 똑똑히 기억한다. 새해가 되면 매번 엄마에게 약속했던 일들이라 대수롭지 않게 여겼지만 확실히 그때는 뭔가 달랐다. 아빠는 그 약속을 정말 지켰다! 그리고 지금까지도 술과 담배는 입에도 대지 않고 있다.

- 그래, 맞아! 아빠가 큰 병에 걸려 하마터면 돌아가실 뻔한 적이 있었어. 엄마하고 나는 걱정이 이만저만이 아니었지. 다행히 이 시간 통신 덕분에 아빠는 과거의 아빠에게 술과 담배를 끊고 운동을 시작하라고 이야기할 수 있었어.

- 그래서? 아빠는? 아빠는 어떻게 됐어?

놀란 나는 눈이 토끼처럼 동그래져서는 얼른 거실에 있는 아빠가 무사한지 확인했다. 다행히 아빠는 소파에 앉아 TV를 보며 웃고 있었다.

- 걱정 마. 지금은 아주 건강해지셨어.

- 아! 다행이다.

- 그리고 엄마가 지금 날씬한 이유도 바로 시간 통신 덕분일걸?

- 그러고 보니 엄마가 밤만 되면 시켜 먹던 치킨을 끊고 갑자기 헬스장에 다니기 시작한 것도 다 이유가 있었구나?

- 엄마는 한때 100킬로그램이 넘었지만 지금은 다행히도 아주 날씬하셔.

- 그것도 다 그렇게 된 거였구나.

미래의 태토는 말을 이어 갔다.

- 실제로 지난해 이 법을 어기고 과거의 자신에게 로또 당첨 번호를 알려 준 사람이 있었는데, 바로 감옥에 갇혔지. 지금은 시간 조정 기술이라는 것도 개발되어서 로또 당첨 번호를 알아 봤자 어차피 무효 처리될 거야.

그 말을 들으니 나는 슬슬 걱정되기 시작했다. 아무것도 모르고 아빠에게 미래의 태토에게서 받은 메시지를 보여 주었기 때문이다.

- 그런데 처음에 너한테 온 메시지를 모르고 아빠에게 보여 주고 말았는걸. 이제 우리는 꼼짝없이 감옥에 가야 하는 거야?
- 만약 유리스의 시간 통신 보안법을 위반했다면 우리는 이미 이렇게 이야기 나눌 수조차 없었을 거야. 너는 그게 미래에서 온 메시지인 줄 모르고 한 일이었으니까 문제가 되지 않은 거야. 고의가 아니라면 감옥에 갈 일은 없어. 하지만 앞으로는 조심하라고.

순간 나는 아빠에게 메시지를 보여 주었던 때가 떠올랐다.

아빠는 메시지를 보고 나서 분명히 씩 웃었다. 아빠 역시 그것이 미래의 나에게서 온 메시지라는 것을 알았던

게 분명했다.

- 대부분의 사람들은 과거의 자신에게 메시지를 전달해. 누구와는 절대로 결혼하지 말라거나, 수학 공부를 열심히 해야 한다거나 같은. 하지만 난 과거의 나인 너에게 부자가 되는 법을 알려 주기로 결심했어.

- 무슨 수로 내가 부자가 될 수 있는 건데?

그 말에 미래의 내가 한심하다는 듯 대꾸했다.

- 나는 네가 부자가 될 수 있는 방법은 알려 줄 수 있지만 부자가 되게 만들 수는 없어.

- 그럼 도대체 어떻게 해야 하는 거냐고!

약간 짜증이 난 나도 따져 물었다. 녀석도 슬며시 짜증이 난 듯했다.

- 지금부터 알려 주겠다고! 지금 생각해 보니 어릴 때의 난 참 참을성이 없었네.

나도 지지 않았다.

- 나는 어른이 되어서도 별로 달라지지는 않았나 보구나?

부자가 되는 법??

돈이 불어나는 마법

- 그런데 말이야. 왜 나에게 연락한 거야? 부자가 되는 방법을 알고 있다면 네가 그렇게 하면 되잖아. 난 이제 열한 살밖에 안 된 어린이라고! 미안하지만 내가 할 수 있는 건 아무것도 없어.

내 말에 미래의 태토는 엉뚱한 질문을 던졌다.

- 너, 복리가 뭔지 알아?
- 음, 복권은 알아.

미래의 태토는 내 농담을 진심으로 받아들였는지 한동안 말이 없더니 또다시 질문을 던졌다.

- 한 달 동안, 날마다 두 배가 되는 100원이 담긴 요술 저금통과 10억 원이 있다면 너는 둘 중 무엇을 선택할래?

황당한 질문이었다. 나는 조금 짜증이 나기는 했지만 너무 쉬운 질문이라 그냥 답해 주기로 했다.

- 지금 내가 어리다고 나를 바보로 아는 거야? 아무리 요술 저금통이라고 해도 그렇지 100원과 10억 원을 어떻게 비교해? 나도 10억 원이라는 돈이 엄청나게 큰돈이라는 것쯤은 잘 알고 있다고! 당연히 10억 원을 선택하지!

- 틀렸어. 만약 날마다 두 배가 되는 100원이 담긴 요술 저금통을 선택했다면 한 달 후에, 그러니까 정확히 30일 후에 네가 받을 수 있는 돈은 10억 원보다 훨씬 큰, 총 537억 원 정도야.

- 뭐라고? 100원이 한 달 만에 537억 원이 된다고?

믿을 수 없었다. 미래의 태토는 내가 의심할 거라는 사실을 미리 알고 있었다는 듯, 나에게 계산 과정을 보내 주었다.

정말이었다. 첫날에는 분명 100원이 들어 있던 요술 저금통은 두 번째 날에는 200원이 되었고, 세 번째 날에는

1일차	100
2일차	200
3일차	400
4일차	800
5일차	1,600
6일차	3,200
7일차	6,400
8일차	12,800
9일차	25,600
10일차	51,600
11일차	102,400
12일차	204,800
13일차	409,600
14일차	819,200
15일차	1,638,800
16일차	3,276,800
17일차	6,553,600
18일차	13,107,200
19일차	26,214,400
20일차	52,428,800
21일차	104,857,600
22일차	209,715,200
23일차	419,430,400
24일차	838,860,800
25일차	1,677,721,600
26일차	3,355,443,200
27일차	6,710,886,400
28일차	13,421,772,800
29일차	26,843,545,600
30일차	53,687,091,200

와우!

200원의 두 배인 400원…… 이런 식으로 계속 두 배씩 늘다가 21일째 되는 날 1억 원을 넘겼다. 그리고 25일째에는 16억 원을 넘겨, 결국 30일째에 537억 원이 되었다.

- 아니, 이게 어떻게……. 어떻게 이런 일이 가능한 거야?

- 이게 바로 복리의 마법이라는 거야. 크지 않은 돈도 시간이 지남에 따라 이런 식으로 커질 수 있지.

- 그건 그렇고. 이게 내가 너 대신 부자가 되는 방법을 알아야 하는 것과 무슨 상관이 있는 거지?

복리는 무척 신기했다. 하지만 그런 요술 저금통이 있을 리는 만무했다. 더욱이 나에게.

- 나는 어렸을 때 돈이 중요하다는 사실을 몰랐을뿐더러 당연히 돈에 대해 관심도 없었고, 공부도 하지 않았지. 지금의 너처럼.

- 돈에 대해서도 공부해야 하는 거야?

국어, 영어, 수학 공부만으로도 머리가 깨질 지경인 나에게 돈이라는 과목도 공부해야 한다는 말은 달갑지 않았다.

- 그럼, 당연하지! 방금 전 네가 복리의 마법을 알게 된 것도 돈 공부의 하나라고 할 수 있어. 네가 복리를 알고 있었더라면 537억 원이 될 수 있는 요술 저금통 대신 10억 원을 선택하지는 않았을 테니까.

- 그건 그렇지만.

반박하고 싶었지만 맞는 말이었다.

- 나는 돈 공부를 하지 않은 채, 아무런 준비 없이 어른이 되었어. 그리고 돈 때문에 고생을 많이 하고 나서야 돈이 중요하다는 사실을 깨달았지. '돈은 최악의 주인'이라는 말이 있어. 돈이 없으면 돈을 주인으로 모시면서 평생 노예처럼

일만 해야 한다는 말이지.

- 넌 최악의 주인에게서 탈출하는 방법을 찾는 거야?

돈을 주인이라고 생각하다니……. 어른이 되어서도 나는 한심하구나 하는 생각에 실망감을 뛰어넘어 헛웃음까지 나올 정도였다.

하지만 미래의 태토는 나의 비아냥이 섞인 물음에도 친절하게 대답했다.

- 다행히 도서관에서 우연히 읽게 된 《아빠의 첫 돈 공부》라는 책 덕분에 돈에 대해 공부해야 한다는 사실을 알았어. 늦었지만 열심히 돈 공부를 하기 시작해서 지금은 돈으로부터 자유를 얻게 되었지. 어른들은 이것을 '경제적 자유'라고 부르기도 해.

도통 무슨 소리인지 이해가 잘 가지는 않았지만 어쨌든 미래의 내가 노예 신분에서 벗어났다니 다행이었다.

- 그거 정말 다행이다. 결국은 최악의 주인으로부터 탈출한 거네.

- 그렇지.

- 그럼 된 거 아니야? 그 경제적 자유인가 뭔가를 얻었다면서. 근데도 왜 나에게 그 방법을 알려 주려고 하는 거냐고?

- 나는 부자가 되고 싶어!

- 그래! 그런데 말이야. 돈 공부 많이 한 네가 직접 부자가 되는 게 쉽지 않을까? 나는 아무것도 모르는 어린…….

순간, 나는 말끝을 조금 흐렸다. 뭔가 조금 깨달은 것 같았기 때문이다. 미래의 나도 내가 뭔가를 깨달았음을 눈치챘는지 차근히 다시 한번 설명해 주었다.

- 그래, 맞아. 너는 나보다 어리지. 그게 바로 네가 나보다 부자가 될 가능성이 높은 이유야. 복리의 마법이 작동하려면 시간이 필요해. 그런데 나는 이미 나이를 많이 먹어 버렸거든.

나에게 100원은 그냥 100원이지만 너는 달라. 너에게 100원은 복리의 마법을 부릴 수 있는 요술 저금통 속의 100원일 수도 있으니까.

부자가 되면 뭐가 좋은데?

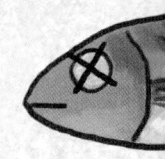

- 알았어! 거기까지는 이해했어. 그런데 한 가지 궁금한 게 있어. 너는 이미 돈으로부터 자유를 얻었다며? 아까 경제적 자유를 찾았다고 했잖아.

- 나는 부자가 되고 싶다고 말했잖아.

- 부자? 그 경제적 자유를 얻은 거하고 부자는 다른 거야?

- 그럼! 완전히 달라.

- 내가 알기로 부자들은 대부분 나쁜 사람들이라고 하던데? 다른 사람들의 돈을 빼앗기도 하고 말이야. 욕심꾸러기에 구두쇠에……. 별로 좋아 보이지 않아.

그때까지 나는 '부자'라고 하면 동화에 나오는

스크루지나 자린고비, 놀부 같은 사람들만 알고 있었다. 그들보다는 가난해도 성냥팔이 소녀나 흥부가 훨씬 정감이 갔다. 착해 보였다.

- 그건 잘못된 생각이야. 어려움에 처한 사람들을 도와주는 착한 부자도 얼마나 많이 있는데. 아마도 넌 머릿속에 놀부를 떠올리고 있을 테지. 그렇지?

확실히 녀석은 내가 분명했다. 내가 지금 무슨 생각을 하고 있는지 미리 알고 이야기하는 것 같았다. 그리고 내가 답하기도 전에 말을 이어 갔다.

- 흥부도 제비 다리를 고쳐 주고 복을 받아서 결국 부자가 되었잖아. 그럼 그 이후에는 놀부처럼 나쁜 사람이 되었을까?

일리 있는 말이었다. 가난하지만 착한 사람이 돈이 많아졌다고 갑자기 욕심 많은 나쁜 사람이 되는 것은 이상하다. 오히려 착한 사람이 돈이 많아지면 다른 가난한 사람을 더 많이 도와주지 않을까?

- 물론 그건 그렇지만……. 그리고 우리 엄마가 그러는데, 참 너의 엄마이기도 하지. 엄마가 항상 하는 말을 알고 있을 거 아니야. 돈이 많다고 해서 반드시 행복하지는 않다고.

- 그럼. 그 말은 맞아. 돈이 많다고 해서 꼭 행복할 수는 없지. 하지만 돈이 없으면? 만약 가족 중 누군가가 아프면? 먹을 것을 살 돈이 없어서 배가 고프면? 돈이 많다고 해서 꼭 행복하지는 않지만 반대로 돈이 없으면 행복할 수도 없어.

- 그래도 돈이 세상의 전부는 아니라고! 돈으로 할 수 없는 일도 많다고!

- 그게 뭔데?

- 예를 들면…….

미래의 태토의 질문에 답하려고 했지만 곧바로 생각이 나지 않아 머뭇거렸다.

- 사랑이라든가…… 건강도……. 그래, 맞아! 아무리 돈이 많아도 병에 걸리면 죽을 수도 있으니까! 그리고 또…….

- 별로 없지? 바로 그거야! 세상에 돈으로 할 수 없는 일은 생각도 잘 나지 않을 만큼 적어. 반대로 돈으로 할 수 있는 일들은 셀 수도 없을 만큼 많지. 그리고 배가 고프고, 병원에 갈 돈도 없다면 사랑하는 마음도 건강을 지키는 일도 모두 불가능해질 수도 있어.

더 이상 아무런 반박을 할 수 없었다. 나는 돈을 좋아하면 욕심쟁이거나 구두쇠라고만 생각해 왔다. 한데 미래의 내가 하는 이야기들은 분명 옳은 말들이었다.

- 옛말에 '곳간에서 인심 난다.'라는 말이 있어. 내가 먹고 살 만하고, 또 내 가족이 편안해야 남을 도울 생각과 힘도 생긴다는 뜻이야. 내가 부자가 되고 싶은 이유 중 하나는 가난한 사람들, 불쌍한 사람들을 더 많이 돕고 싶어서이기도

하거든.

그 말을 들으니 안심이었다. 다행히도 미래의 태토는 부자가 되더라도 나쁜 사람으로 변할 것 같지는 않았다.

부자가 되는 실험, 그리고 나비 효과

- 알았어. 그럼 내가 어떻게 해야 해? 부자가 되려면?

- 내가 가르쳐 주는 것을 잘 배우고 이해만 하면 돼.

- 어디에 보물이 숨겨져 있는지 혹은 어떤 직업을 선택하면 되는지 같은 거야?

- 미안하지만 그런 건 아니야. 그리고 유리스의 시간 통신 보안법을 봐서 알겠지만 너에게 부자가 되는 방법을 알려 줄 수 있는 시간이 얼마 남지 않았어.

- 아, 맞다! 1시간 동안만 이야기할 수 있다고 했지!

아까부터 메시지 창 한쪽에 붉은색 타이머가 작동되고 있다는 것을 그제야 알아차렸다. 타이머를 보니 우리에게 남은 시간은 40여 분 정도였다.

- 내 말을 정 못 믿겠다면 바로 증명해 줄 수도 있어.

- 증명? 어떻게?

- 지금 당장 실험 하나를 해보자.

- 좋아! 어떻게 하면 되는 거야?

- 만약 네가 어떤 행동을 원래 하려던 행동과 다르게 하면, 너의 미래도 바뀌거든. 아빠가 술과 담배를 끊고 엄마가 건강해질 수 있던 것처럼. 왜냐하면 미래의 너는 바로 나니까 말이야. 그러니 내가 어떻게 바뀌었는지 보여 주면 되겠지?

나는 언젠가 시간 여행에 관한 영화를 본 기억을 떠올렸다.

엄마와 아빠가 결혼하지 않으면 자신이 사라져 버릴 위기에 처한 주인공이 두 사람이 사랑에 빠지고 결혼할 수 있도록 고군분투하는 내용이었다.

그러자 마치 내가 과거가 바뀌면 미래도 바뀌는 영화 속 주인공이 된 기분이었다.

- 그거 재미있겠는데? 만약 내가 지금 강도가 되기로 마음먹는다면, 너는 감옥에 갇히게 되겠구나.
- 장난치지 마! 내가 감옥에 갇힌다는 건 네가 감옥에 갇힌다는 뜻이라고!

- 아, 그렇지. 그게 그렇게 되는 거지?

- 그럼 시작해 보자. 일단 너의 용돈을 있는 대로 다 먹어 치우는 '가르마브' 게임을 지워 봐.

- 무슨 소리야? 내가 레벨 7까지 오느라 얼마나 고생했는데? 지금까지 무기랑 마법 아이템을 사는 데 쓴 돈이 얼마인지 너도 잘 알고 있을 거 아니야?

다른 사람도 아니고 미래의 나마저 내가 하는 게임을 이해하지 못한다는 사실에 실망감까지 밀려왔다.

- 내 기억이 정확하다면 너는 최고 레벨 단계인 15까지 올라갈 거야.

- 뭐? 정말이야? 그거 듣던 중 반가운 소리다!

레벨 15라니! 그건 고수 중에 고수만이 달성할 수 있다는 레전드 레벨이다. 그런데 내가 레벨 15까지 올라간다니 정말 꿈만 같은 말이었다.

- 그뿐만이 아니야. 혼자서 알리타고 흑마왕을 죽이고 샤를레 공주와 결혼하게 될 거야.

- 뭐라고? 와! 굉장한걸! 아마도 그게 다 내가 오늘 사려고 한 나이트 가르마브의 검 덕분이겠지?

도무지 믿기지 않았다. 알리타고 흑마왕을 물리친다는 것은 로얄 슬럼버 왕국의 왕이 된다는 걸 의미하기 때문이었다.

- 하지만 게임에 빠졌던 일 때문에 네가 치러야 할 대가도 그만큼 컸지. 샤를레 공주와 결혼한 다음 영어 시험을 망쳤고, 덕분에 지금의 나는 해외로 여행을 와서도 외국 사람들에게 말 한마디 못하는 신세가 되어 버렸다고! 바로 너 때문에!

- 그게 왜 나 때문이야? 내가 너랑 무슨 상관……. 그래, 내가 너지. 이제 무슨 말인지 대충 알겠다.

- 세 살 버릇이 여든 간다는 말이 있지? 난 어른이 되어서도 밤새 게임하다가 매번 지각하는 바람에 회사에서도 야단을 맞는 일이 많다고!

- 그렇지만 샤를레 공주와 결혼도 하고 싶어. 가벼운 문제가 아니야. 이건 영어를 잘하는 것만큼이나 나에게 중요한 일이라고!

- 휴, 내가 이것까지는 차마 말하지 않으려고 했는데

안 되겠다. 너 때문에 난 요즘도 게임에 빠져 살고 있다고. 시간은 시간대로 빼앗기고, 또 아내와의 사이도 안 좋아. 게임 속 샤를레 공주와의 결혼 때문에 실제 결혼 생활에 문제가 생겼다니까!

- 아내? 그럼 내가 결혼을 했다고?

- 그럼! 예쁜 딸과 잘생긴 아들도 있어.

- 와! 그거 정말 대단한데?

- 혹시 상대가 누군지 알 수 있어?

- 뭐? 넌 아직 아내를 만나지도 않았으니 말해 줘도 소용없을 거야.

- 그럼 이것만 알려 줘.

- 뭔데?

- **예뻐?**

초등학교 4학년이지만 아직 어쩔 수 없는 어린이인지

나도 모르게 한심한 질문을 해 버렸다.

역시나 미래의 태토는 나를 나무랐다.

- 지금 그게 중요한 게 아니라고!

- 알았어, 알았으니 진정해. 네 말대로 게임은 지우겠어. 진짜 결혼을 하게 될 텐데 샤를레 공주랑 결혼은 뭐하러 해.

나는 신나는 마음에 뒤도 돌아보지 않고 지난 3년 동안 열심히 키워 온 은백의 기사 캐릭터가 있는 게임을 포함하여 모든 게임을 없앴다.

- 태토야, 고마워! 네 덕분에 방금 아내랑 사이가 다시 좋아졌어.

- 뭐야? 게임 하나 지웠을 뿐인데 미래가 바뀌었다고?

- 그게 전부가 아니야. 내가 10년 넘게 탄 고물 차가 최신형 자동차로 바뀌었어.

- 뭐? 차가 바뀌었다고? 궁금하다! 사진 같은 걸 찍어서 보내

줄 수는 없는 거야?

- 당연히 있지.

잠시 후, 미래의 내가 보내온 차는 내가 지금까지 본 자동차 가운데 가장 멋졌다.

- 와! 멋지다. 게임 하나 지웠을 뿐인데 이렇게 멋진 차가 생기다니!

- 이런 걸 '나비 효과'라고 해. 너의 작은 행동이 다른 일에도 영향을 미쳐서 미래에는 큰 변화가 생기게 되는 거지. 별 생각 없이 하는 너의 실수와 잘못된 행동들이 점점 부풀어져서는 나중에 너의 삶에 커다란 영향을 주는 거라고.

- 그 말을 들으니 왠지 긴장되는걸.

- 자, 그럼 이제 본격적으로 부자가 되어 볼까?

- 그래, 좋았어!

돈 버는 두 가지 방법

- 자, 어서 말해 봐. 부자가 되려면 어떻게 해야 하는지. 내가 몽땅 배워 버릴 테니까!

미래에서 온 멋진 자동차 사진 한 장이 부자가 되겠다는 나의 의욕을 활활 불태웠다.

- 부자가 되려면, 아주 당연한 말이지만 먼저 돈 버는 방법을 알아야 해. 일단 네가 알고 있는 돈을 벌 수 있는 방법들을 말해 봐.

- 그거야 간단하지. 아빠처럼 회사에 다녀서 월급을 받는 방법도 있고, 엄마처럼 가게를 차려서 돈을 벌 수도 있고.

- 그래, 맞아. 그걸 '노동'이라고 해.

- 노동? 노동은 막노동 뭐 그런 걸 말하는 게 아닌가? 많이 힘들어 보이는 느낌인데.

- 오해야. 회사에 다니는 것도 또 장사를 하는 것도 모두 내 몸을 움직이고, 내 시간을 들여서 해야 해. 어른들이 늘 바쁜 이유도 여기에 있지. 그렇게 노동을 통해 돈을 버는 것을 '노동 소득'이라고 해.

노동 소득? 갑자기 어려운 말을 들으니 머리가 아파 오기 시작했다. 그만두고 싶은 마음도 있었지만 메시지 창 한쪽에 있는 타이머가 가리키는 남은 시간이 30분 정도인 걸 보니 마음이 바뀌었다. 조금 더 참아 보기로! 나는 최대한 집중하면서 답했다.

- 무슨 말을 하려는지 대충 알 것 같아. 그냥 회사에 다니거나 장사하는 것만으로는 우리 부모님처럼 돈을 많이 못 벌어. 그러니까 공부를 열심히 해서 의사나 변호사 같은 돈을 많이

버는 직업을 얻어야 한다는 말이구나?

- 아니, 틀렸어. 물론 의사나 변호사가 되면 상대적으로 돈을 더 많이 벌겠지. 하지만 아까 설명했던 '노동 소득'에 불과해. 자신이 직접 몸을 움직여야 하고, 또 그만큼 시간을 들여야 돈을 벌 수 있어.

- 그럼 노동이 아닌 방법으로도 돈을 벌 수 있어? 일을 하지 않았는데 어떻게 돈을 벌 수 있냐고?

- 이를테면 미용사는 직접 몸을 움직여 손님의 머리카락을 잘라야 돈을 벌 수 있지만, 미용실을 만들어 다른 미용사들을 고용하면 어떻게 될까? 미용사들이 번 돈을 모아 그들에게 월급을 주고 남은 것은 모두 자기 것이 되겠지?

- 그렇네. 직접 머리카락을 자르지 않고도, 그러니까 내 몸과 시간을 사용하지 않고도 돈을 벌 수 있겠네!

나는 엄마에게 이 사실을 꼭 알려 주어야겠다고

생각했다. 엄마가 지금처럼 바쁘지 않아도 될 방법을!

미래의 태토는 설명을 계속했다.

- 이런 걸 '사업'이라고 해. 자동차 공장을 만든 사장은 직접 자동차를 만들어 팔지 않고도 돈을 벌 수 있지.

- 자동차를 만드는 회사의 사장이 되는 건 나 역시도 바라는 바이지만 그런 회사를 차리려면 엄청나게 많은 돈이 필요한 거 아니야?

그 말을 하고 나자 엄마가 미용실의 사장이자 유일한 직원인 이유를 대충 알 것 같았다. 돈이 많지 않아서였다.

- 일단 조금만 더 들어 봐. 사업은 노동으로 돈을 버는 게 아니라 돈이 돈을 벌게 하는 거야.

- 돈이 돈을 번다고?

- 그래. 내 몸을 움직여서 돈을 버는 것을 '노동 소득'이라고 부르듯이, 돈이 돈을 벌게 하는 것을 '자본 소득'이라고 불러.

조금 전에 내가 '돈은 최악의 주인'이라고 했던 말 기억해?

미래의 태토가 또다시 한심한 이야기를 꺼냈다. 왜 자꾸만 돈을 주인이라고 하는지 이해가 가지 않았지만 일단 대답은 했다.

- 그래, 기억나. 그리고 네가 그 최악의 주인으로부터 탈출에 성공했다는 것도.

- 돈은 최악의 주인이기도 하지만 한편으로는 최고의 노예이기도 해.

- 최, 최고의 노예라고?

나는 잠시 말문을 잃었다. 미래의 내가 돈을 주인이라고 했을 때는 그냥 한심한 녀석이라고만 생각했는데, 그 못된 주인에게서 탈출하는 것을 넘어 반대로 노예로 삼을 수도 있다니?

도무지 무슨 말인지 감이 잡히지 않았다.

- 돈은 잠도 자지 않고, 불평도 하지 않고, 끊임없이 돈을 벌어 오는 노예가 되기도 하거든. 내 몸을 직접 움직여서 돈을 버는 것은 힘이 들기도 하고, 일한 시간만큼만 돈을 벌 수 있기 때문에 한계가 있어. 하지만 노예가 된 돈은 네가 자고 있는 동안에도 열심히 돈을 벌어다 주거든. 어때? 이제 내가 돈을 주인이라고 했다고 해서 한심하다고 여기지 않겠지?

미래의 태토는 내 머릿속을 거울을 보듯 훤히 보고 있는 게 분명했다.

- 듣고 보니 대단한데? 하지만 나는 자동차 회사는커녕 장난감 자동차를 살 돈도 없다고. 지금 같아서는…….

그리고 어른이 되어서도 크게 다른 것 같지 않았다.

- 걱정할 것 없어. 내가 돈이 많이 없어도 자동차 회사의 주인이 되는 방법을 알려 줄 테니까.

- 그게 정말이야?

돈이 없어도 자동차 회사의 주인이 될 수 있다니! 꿈같은 이야기였다. 하지만 어차피 미래의 나와 대화하는 자체가 허무맹랑한 일이라는 생각에 미래의 태토를 한번 믿어 보기로 했다.

돈이 돈을 버는 크기

- 한계가 분명한 노동 소득보다는, 한계가 거의 없는 돈으로 돈을 버는 일을 해야 부자가 될 수 있어.

- 돈에게 일을 시키라, 이 말 아니야? 내 돈도 이제 당장 일을 시켜야겠어. 빨리 어떻게 하면 돈에게 돈을 벌어 오라고 할 수 있는지 알려 줘!

- 가장 쉬운 방법으로는 은행에 저축하는 것이 있지.

- 은행에 저축하면 돈이 알아서 돈을 벌어 온다고?

- 그래, 맞아. 은행에 돈을 맡기면 '이자'가 발생해. 돈이 돈을 버는 방법 중 하나라고 할 수 있지.

- 이자? 그게 뭔데?

- 이자에 대해 이해하려면 먼저 은행이 어떻게 돈을 버는지부터 알아야 해. 은행에 오는 사람은 크게 돈을 빌리는 사람과 돈을 맡기는 사람으로 나눌 수 있어. 돈을 빌리는 사람에게는 그 대가로 10만 원을 받는다면, 돈을 맡기는 사람에게는 똑같은 크기의 돈이라도 그 대가로 5만 원만 주는 거야. 이렇게 하면 은행은 가만히 앉아서 차액인 5만 원을 벌 수 있지.

- 말 그대로 돈이 돈을 버는 거네!

머리가 조금 복잡해지기는 했지만 크게 이해하기 어렵지도 않았다.

- 정리하면 이자는 은행이 돈을 벌게 해 주는 것에 대한 대가라고 할 수 있지.

- 듣고 보니 돈으로 돈을 버는 일은 엄청 대단한 것은 아니네. 그냥 은행에 돈을 맡기기만 하면 되잖아.

- 그래, 맞아. 네가 태어나기 훨씬 전인 옛날에는 정확히 네 말대로 그랬었어.

- 그랬었어라니? 그럼 지금은 그렇지 않다는 뜻이야?

- 옛날에는 100만 원을 1년 동안 빌려줘서 돈을 벌게 해 준 대가로 20만 원 정도를 벌 수 있었지.

- 100만 원이 1년 만에 120만 원이 되는 거구나?

- 그런데 지금은 네가 은행에 100만 원을 맡겨도 고작 2만 원

정도밖에 주지 않을 거야.

- 뭐라고? 그럼 어떻게 해야 해?

- 두 가지 방법이 있어. 예전처럼 1년에 20만 원을 벌기 위해서는 은행에 100만 원의 열 배인 1,000만 원을 맡기거나, 아니면 은행보다 돈이 돈을 더 잘 버는 곳에 돈을 보내야겠지.

- 은행보다 더 나은 곳이 있어?

- 집이나 건물을 사는 것도, 사업을 하는 것도, 회사의 주인이 되는 것도 모두 은행보다 돈이 돈을 더 많이 벌어들이는 일들이라고 할 수 있지.

- 맞아! 그러고 보니 나도 비슷한 이야기를 들었어. 내 친구 준서네 아빠가 산 집 가격이 몇 년 만에 크게 올랐다는 거야. 그럼 이것도 돈이 돈을 버는 거라고 할 수 있잖아.

- 그래. 돈이 일하는 곳마다 돈을 벌 수 있는 크기가 모두 다른데, 그걸 '수익률'이라고 해. 돈이 수익률이 높은 일을

하게 하면 더 많은 돈을 벌어 오게 되지.

- 그럼 부자가 되려면 돈이 그 '수익률'이라는 게 높은 일을 하게끔 만들어야겠네.

새로운 사실을 알게 되면서 순간 생각이 확 트이는 느낌을 받았다.

- 응. 그리고 고마워, 태토야!

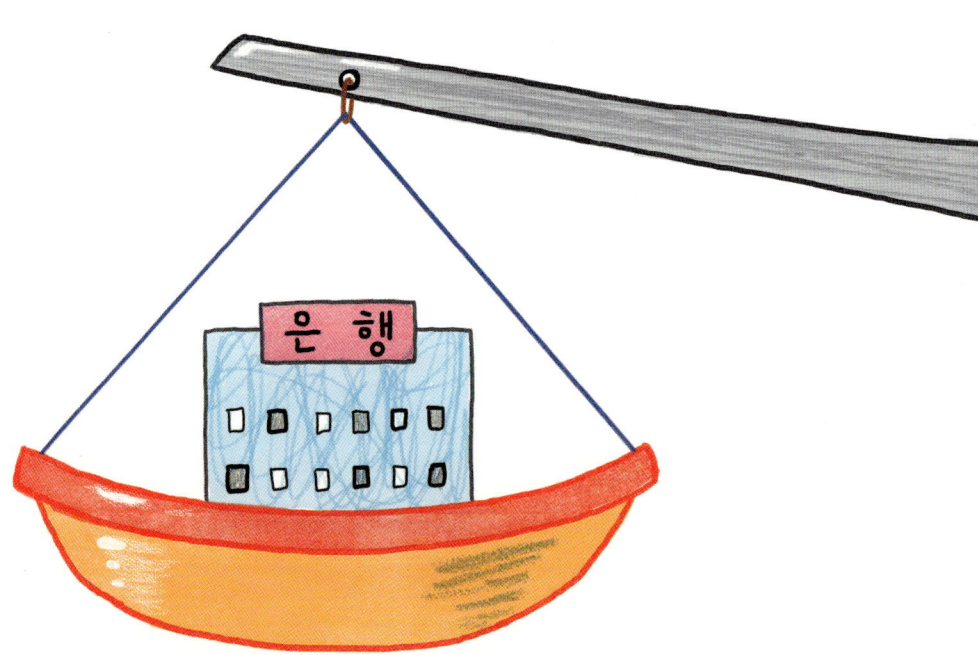

\- 갑자기 고맙다니?

\- 방금 우리 집이 더 넓어졌어.

내가 돈과 관련된 무엇을 이해할 때마다 미래의 나는 점점 더 부자가 되어 갔다.

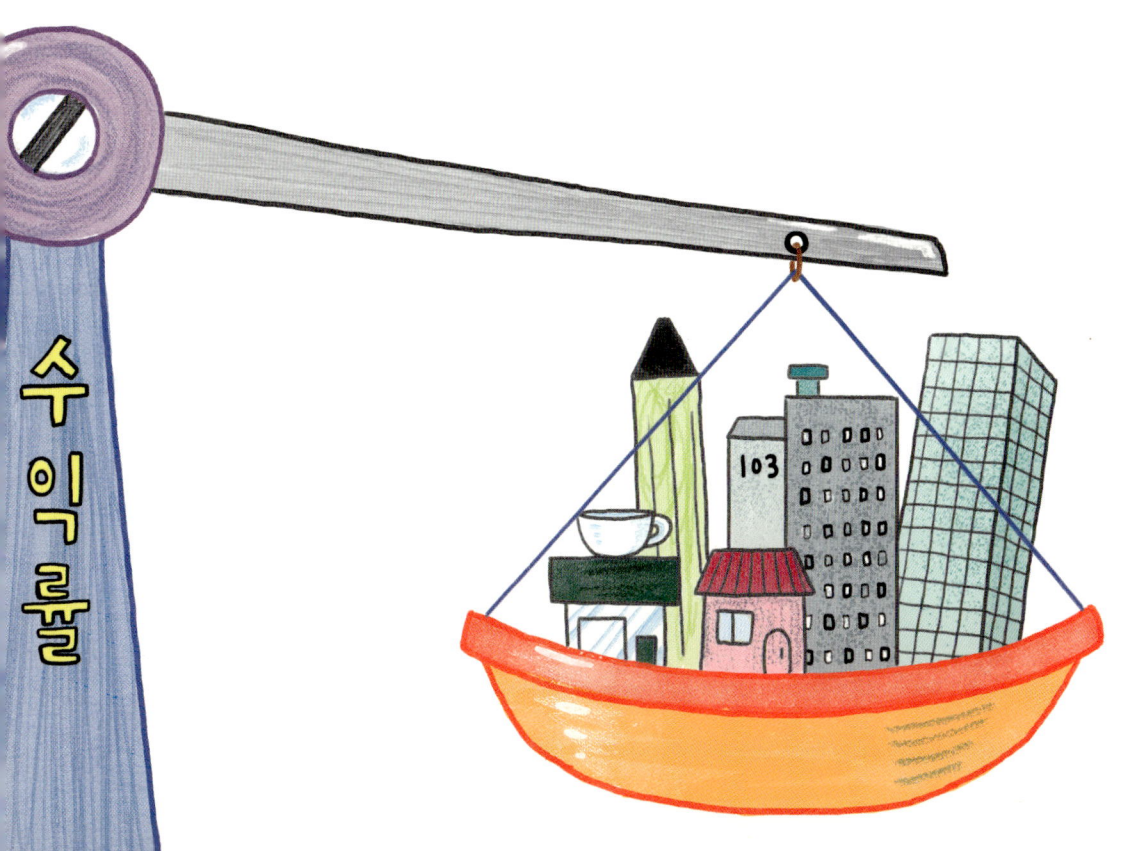

돈이 자라는 나무는 씨앗 먼저

돈에게 수익률이 높은 일을 시켜야 한다는 사실을 알았을 뿐인데, 미래의 나는 더 넓은 집에 살게 되었다면서 고마움을 전했다. 믿기지 않는 일들의 연속이었다. 이왕 이렇게 된 거 남은 시간 동안 돈에 대해 더 열심히 배워 보기로 했다. 부자가 되어 보기로 말이다.

- 수익률이 높은, 돈이 돈을 버는 일을 모두 알려 줘.

- 그것보다 먼저 해야 할 일이 있어.

- 그게 뭔데?

- 돈이 돈을 벌어 오게 하려면 일단은 일을 할 돈이 있어야 하지 않을까?

- 그건 걱정하지 마. 할아버지에게 받은 세뱃돈 1만 원이 고스란히 있어. 네가 말한 복리의 마법인가 뭔가로 요술을 부리면 될 것 아니야. 100원이 한 달 만에 537억 원이 되었다면서. 그럼 1만 원은 어떻게 될지 당장 해보자고!

상상만 해도 신났다. 100원이 한 달 만에 537억 원이 된다면 100원의 100배인 1만 원으로는 얼마나 많아질까? 가늠도 할 수 없었다.

- 그건 그냥 예로 든 거지! 그런 요술 저금통이 정말 있을 리가 없잖아. 돈이 하루에 두 배씩 늘어난다는 것은 100만 원이 다음 날에는 200만 원이 된다는 건데, 현실에서 그런 일은 불가능해. 세계 최고의 부자인 워런 버핏의 실력으로도 100만 원으로 1년에 20만 원을 만들어 내는 게 다라고.

- 그래? 그럼 내가 가진 1만 원으로는 세계 최고의 부자가 돈에게 일을 시킨다고 해도 1년에 고작 2천 원밖에 벌어 오지

못한다는 거네?

1년에 2천 원이라……. 이 정도로는 부자가 될 수 없다는 것은 굳이 돈 공부를 하지 않아도 알 수 있는 일이었다.

- 맞아. 실제로는 1년에 1천 원 정도만 벌어 오게 하더라도 아주 잘한 거라고 할 수 있지.
- 1년에 1천 원을 벌어서 무슨 부자가 되겠다는 거야?
- 바로 그거야. 1만 원으로는 1년에 고작해야 1천 원밖에 벌지 못하지만, 만약 그게 10만 원이라면 1만 원일 테고, 100만 원이라면 10만 원이 되겠지.
- 일을 시킬 수 있는 돈이 많아야 한다는 말이구나?
- 그래. 그리고 그걸 '씨드 머니', 다른 말로는 '종잣돈'이라고 해. 여기서 씨드는 씨앗이라는 뜻이야. 씨앗을 많이 뿌려야 더

많은 나무 열매를 얻을 수 있는 것처럼 일할 수 있는 돈이 많아야 더 많은 돈을 벌 수 있어.

- 그럼 그 씨드 머니는 어떻게 만들어야 해? 이제 남은 시간은 고작 10여 분 정도라고!

학용품을 아껴 쓰면 부자가 된다고?

미래의 태토도 나와 대화할 수 있는 시간이 얼마 남지 않았음을 깨달았는지 메시지 도착 속도가 점점 빨라졌다.

- 씨드 머니를 만드는 방법은 크게 두 가지야. 노동으로 돈을 버는 것과 돈을 아끼는 것.
- 결국 회사에 다니거나 장사해야 한다는 뜻이네, 뭐.
- 맞아. 부자가 되려면 돈으로 돈을 벌게 해야 하고, 돈 버는 돈을 만들려면 일을 해야 하지. 물론 좋은 직업을 갖게 되어서 월급을 많이 받으면 좋고.
- 우리 엄마 아빠도 노동을 해서 돈을 벌고 있는 걸 보니, 씨드 머니를 만들려고 그러나 봐.

- 우리 부모님은 노동으로 번 돈을 씨드 머니로 사용하지 않아. 그래서 부자가 될 수 없기도 하고.

- 응? 왜? 그럼 노동으로 번 돈을 다 어디에 쓰는 거야?

- 옷을 사고, 여행을 가고, 너처럼 게임 아이템을 사는 데 다 써 버리지. 그러고는 정작 일을 시킬 돈은 없는 거야. 이런 걸 '소비'라고 하지.

- 정말 바보 같은 일이네! 돈이 돈을 벌어 오는데, 왜 돈을 소비 따위에 쓰는 거냐고!

이해할 수 없었다. 씨앗을 심으면 나무가 되어 더 많은 열매가 열릴 테고, 그 열매에는 수없이 많은 또 다른 씨앗들이 들어 있을 텐데. 마치 참새마냥 씨앗을 다 먹어 치운다는 말이니까.

- 네가 그렇게 말할 수 있을까? 너도 나와 이야기하기 전에는 부자의 씨앗이 될 돈으로 게임 아이템을 사려고 했잖아.

- 그, 그건……. 내가 잘 몰라서 그랬던 거지.

- 바로 그거야. 우리 부모님도, 그리고 부자가 되지 못한 다른 어른들도 너처럼 돈에 대해 잘 몰라서 그랬을 가능성이 커. 그래서 돈 공부가 필요하다는 거야.

- 좋아. 나는 이제부터 절대로 소비하지 않을 거야. 내 돈은 모조리 다 돈을 벌게 할 거라고.

나는 소비 따위에 내 소중한 씨앗들을 없애 버리지 않겠다고 굳게 다짐했다.

- 그거 듣던 중 반가운 소리다. 하지만 사람은 소비를 하지 않고는 살 수가 없어. 음식을 먹어야 하고, 옷도 입어야 하고, 버스나 전철도 타야 할 것 아니야.

- 그렇네. 그럼 어떻게 해야 하지?

- 해결책은 간단해. 절약하는 거지. 쓸데없는 물건은 사지 않고, 같은 기능을 하는 물건이라면 가능하면 더 저렴한

가격의 물건을 구입하는 거야. 운동화나 학용품을 아껴 쓰는 것도 소비를 줄이는 일, 즉 절약이 될 수 있어.

- 이제 뭔가 조금 알 것도 같아. 열심히 돈을 벌어서, 최대한 쓰지 않고 절약하면, 돈을 버는 돈이 많아질 테고, 그 돈이 일하게 하면 부자가 될 수 있다?

내가 중요한 무엇을 깨우친 순간, 미래의 태토는 대답 대신 한 장의 사진을 보내왔다. 사진 속에는 푸른 잔디가 깔려 있는 멋진 대저택이 보였다. 그리고 어마어마한 크기의 수영장도 있었다.

지렛대의 도움을 받아라

- 고마워. 덕분에 수영장이 딸린 집을 갖게 되었어.

- 그거, 내 수영장이기도 한 거지?

- 당연하지! 네가 결국 내가 될 테니까.

앞으로 함부로 돈을 쓰지 않고, 가능한 한 절약해야겠다는 작은 결심을 했을 뿐인데 이렇게 멋진 집이 내 것이 되다니!

- 그럼 이제 끝난 거야? 이만하면 부자가 된 건가?

- 무슨 소리야? 아직 멀었어! 더 알아야 할 게 많이 남았다고.

- 알겠어. 나도 이제 막 돈에 대해 흥미가 생겼어.

- 안타깝게도 열심히 일해서 돈을 벌고 소비를 줄여 절약한다고 해도, 100만 원으로 1년에 10만 원을 만드는 일 정도로는 부자가 될 수 없어. 일할 수 있는 돈은 이것보다 훨씬 더 많아야 하거든.

- 그럼 일을 더 많이 해서 더 많은 돈을 벌거나 더 많이 절약하면 되는 거 아니야?

- 돈 공부를 하지 않은 대부분의 어른이 그렇게만 생각하기 때문에 '왜 나는 이렇게 열심히 사는데도 계속해서 가난하지?'라는 생각을 하는 거야.

- 음. 뭔가 비밀이 있다는 걸로 들리네.

- 비밀의 열쇠는 바로 지렛대야.

- 지렛대? 그거라면 나도 알고 있어. 무거운 물건도 지렛대를 사용하면 쉽게 들 수 있잖아.

나는 미래에는 무거운 물건들이 많아져서 지렛대

만드는 일을 하면 큰 부자가 되나 보다 생각했다.

- 혹시 지렛대를 만들어 팔 생각을 했다면 당장 머릿속에서 지워 버려.

과연 녀석은 내가 맞았다.

- 돈을 버는 돈이 많으면 더 큰 돈을 벌 수 있다고 했지? 내가 가진 돈이 적어서 돈을 벌 수 있는 힘이 부족하다면 지렛대를 이용해 더 많은 일을 할 수 있게 만들 수도 있어. 이걸 '레버리지'라고 불러. 참고로 레버리지는 영어식 표현이야.

- 씨드 머니를 많아지게 하는, 뭐 그런 건가 보지?

- 생각보다 똑똑하네. 맞아. 내 돈 100만 원으로는 1년에 10만 원밖에 만들지 못하지만, 레버리지를 통해 200만 원이 된다면 1년에 그 두 배인 20만 원을 만들 수 있는 거지.

돈을 나의 주인이 아닌 노예로 만드는 일, 노동과 절약을 통해 씨드 머니를 만드는 일, 그리고 레버리지까지. 지금까지 한 번도 들어 보지 못한 새로운 세계였다.

- 레버리지, 그거 정말 좋아 보인다. 그럼 레버리지는 어디서 살 수 있어?

- 레버리지는 사고파는 게 아니야. 굳이 어딘가에 가야 한다면 은행에 가야 하지.

- 은행에서 레버리지를 팔아?

내 말에 미래의 태토는 조금 어처구니없어 했다.

- 내가 은행이 돈을 어떻게 버는지 설명해 주지 않았나?

- 나도 똑똑히 기억하고 있다고! 누군가가 맡긴 돈을 다른 누군가에게 빌려주면서 얻은 대가로 돈을 번다고. 근데 그건 왜?

- 은행에서 돈을 빌리는 게 바로 레버리지야. 다른 말로 '대출'이라고 하지.

- 그러고 보니 아빠가 지난번에 은행에서 대출로 돈을 빌려 그 돈으로 자동차를 샀던 기억이 나! 아빠가 그때 레버리지를 산 거였구나?

- 그건 레버리지가 아니야. 은행에서 돈을 빌린 건 맞지만 그 돈을 어디에 사용하느냐에 따라 레버리지가 될 수도 있고 그냥 빚이 될 수도 있어.

- 빚은 나쁜 거잖아. 그럼 자동차를 사면 레버리지가 아니라 빚인 거야?

- 아빠가 자동차를 사서 돈이 더 늘어났니?

- 아니. 자동차에 기름을 넣고, 고장이 나서 수리도 하고……. 오히려 돈이 더 사라져 버렸지.

- 자동차를 사는 것은 소비라고 할 수 있어. 하지만 은행에서 빌린 돈으로 준서네 아빠처럼 집을 샀다면 어땠을까?

나는 발끈하려다 순간 뭔가를 또 깨달았다.

- 준서네가 산 집은 값이 올랐다던데. 그렇구나! 은행에서 빌린 돈으로 돈을 버는 일에 쓰면 그건 빚이 아니라 레버리지가 되는 거구나.

- 정확해. 은행에서 100만 원을 빌리면 1년 후에 5만 원을 더해 105만 원을 갚아야 하지. 그런데 그 돈으로 수익률이 더 높은 돈 버는 일을 해서 110만 원을 만든다면 결국은 5만 원만큼의 이익이 생기지.

- 레버리지라는 거, 정말 대단한 거구나!

- 레버리지가 반드시 좋다고는 할 수 없어. 만약 돈이 돈을 제대로 벌지 못해서 오히려 값이 떨어졌는데 은행에 돌려줘야 한다면 손해를 보게 되거든.

- 레버리지는 대단한 것이지만 그만큼 조심해야 한다는 말이네.

주식이 뭐길래

- 그럼 이제 본격적으로 돈이 돈을 벌게 하는 방법을 알려 줄게.

미래의 태토가 그 말을 하는 순간, 타이머는 우리에게 주어진 시간이 5분밖에 남지 않았다는 사실을 알렸다.

- 뭐? 본격적이라고? 이제 5분밖에 남지 않았는데?

- 투정 부릴 시간에 내 이야기에 집중하는 게 어떨까?

- 그래, 알았어.

기분은 상했지만 맞는 말이었다. 나는 반박 대신 잠자코 이야기 듣는 쪽을 택하기로 했다. 이 시간이 지나면 부자가 될 기회도 영영 사라져 버릴 테니까 말이다.

- 돈이 돈을 버는 것을 '투자'라고 해.

- 투자? 어디서 들어 본 것 같아. 예전에 삼촌이 주식인가 뭔가에 투자했다가 손해가 커서 팔지도 못하고 고민이 많다는 이야기를 했는데.

- 응. 나도 똑똑히 기억하고 있어. 안타까운 일이기는 하지만 삼촌은 예전보다 더 가난해졌어.

- 뭐라고? 주식이 도대체 뭐길래 그렇게 된 거야? 나는 내 소중한 돈을 절대로 주식 같은 데 투자하지 않겠어!

- 앗, 그건 안 돼!

나는 절대 주식 투자를 하지 않겠다고 굳게 다짐한 순간, 미래의 나는 외마디 비명을 남긴 채 한동안 말이 없었다. 잠시 후, 이번에도 사진 한 장이 전송되었다. 그런데 사진 속의 집은 이전에 보내온 수영장이 딸린 대저택이 아니라 낡은 집이었다.

- 네가 절대로 주식 투자는 하지 않겠다고 마음먹은 순간, 이렇게 되어 버렸어.

- 무슨 소리야? 주식 투자를 하지 않아야 삼촌처럼 가난해지지 않는 것 아니었어?

- 그건 네가 주식 투자가 뭔지 몰라서 생긴 오해야. 같은 날카로운 칼이라도 솜씨 좋은 주방장에게는 맛난 음식을 만드는 훌륭한 도구지만 범죄자에게는

사람을 해치는 위험한 흉기가 되는 것처럼 말이지. 주식 투자도 어떻게 하느냐에 따라 망할 수도 있고, 부자가 될 수도 있는 거야.

- 그렇다면 삼촌은 주식 투자를 잘 못해서 더 가난하게 된 거란 말이구나.

- 주식 투자를 잘 못해서가 아니라 주식이 뭔지를 몰라서 그렇게 된 거라고 해야 정확할 것 같아.

- 알았어. 그럼 주식이라는 게 뭐야?

- 돈으로 돈을 버는 방법 중에 자동차를 만들어 파는 회사의 주인이 되는 것도 한 방법이라고 했던 말, 기억해?

- 돈이 많이 없어도 그 회사의 주인이 될 수 있는 방법을 알려주겠다고 했던 말도 다 기억하고 있어. 시간이 얼마 남지 않았어. 빨리 그 방법을 알려 줘!

- 그 방법이 바로 주식 투자야.

미래의 태토의 말과 동시에 타이머가 1분도 채 남지 않았다는 사실에 마음이 급해진 나는 소리쳤다.

- 그러니까 그게 뭐냐고! 이제 정말 시간이 얼마 남지 않았어!

그때 갑자기 1분이 순식간에 30초로 변하더니, 다시 10초로 바뀌어 버렸다. 타이머에 뭔가 이상이 생긴 게 분명했다. 미래의 태토도 문제를 감지했는지 황급히 마지막 메시지를 보내왔다.

- 책이야! 책에 모든 방법이 들어 있어!

그 순간, 타이머가 '0'을 가리켰고, 미래의 태토와 대화를 나누었던 메시지 창은 하얗게 변하며 곧 사라졌다. 이제 더 이상 미래의 태토, 즉 미래의 나에게 메시지를 받을 수 없게 된 것이다.

내일은 부자

그날 이후, 미래의 나에게서 더 이상 메시지가 오지 않았다. 혹시라도 미래의 태토가 나에게 연락해 오지 않을까 싶어 수시로 메시지 앱을 열어 보는 버릇까지 생겼다.

하지만 부자가 되기 위해 무엇을 해야 하는지는 알게 되었다. 내가 가장 먼저 한 일은 도서관에 가는 것이었다. 나는 '돈', '경제', '금융', '주식', '부동산' 같은 단어가 들어간 제목의 책들을 읽기 시작했다. 어른들뿐 아니라 나 같은 어린이들을 위해 읽기 쉽게 쓴 책들이 생각보다 많았다.

미래의 태토 덕분에 나는 부자가 되는 것은 좋은 어른이 되는 일 중 하나이고, 부자가 되기 위해서는 돈에 대해 공부해야 하며, 그리고 돈에 대해 공부하는 가장 좋은 방법은 책을 읽는 것이라는 사실을 깨우쳤다.

먼저 엄마와 아빠가 기분이 좋을 때나 받을 수 있던 용돈을 더 이상 받지 않겠다고 선언했다. 아빠는 혹시 내가 이상해진 게 아닐까 걱정하며 이마에 손바닥을 가져다 대 열이 있는지 확인했다.

나는 부모님께 용돈 대신 노동에 따른 대가를 지급해 달라고 요청했다. 자동차를 세차한다거나 거실을 청소한다거나 저녁 식사 후에 설거지를 한다거나 등의 집안일을 할 때마다 1천 원이든 2천 원이든 내가 일한 만큼의 대가를 달라고 말이다.

처음에는 용돈을 받을 때보다 훨씬 수입이 적었지만

내가 하는 일이 점점 늘어난 덕택에 내 노동 소득도 날로 늘었다.

그다음에 나는 은행에 가서 어린이 통장을 개설하여 저축을 시작했다. 또 아빠에게 주식 투자를 할 수 있는 증권 계좌를 개설해 달라고 졸랐다. 무려 세 달에 걸친 투쟁이었다.

아빠는 주식 투자를 하면 삼촌처럼 망할 거라고, 대체 그런 도박은 왜 하냐며 야단을 쳤다. 하지만 내가 도서관에서 빌려 온 책 한 권을 보더니 다음 날에 바로 주식 계좌를 만들어 주었다.

그 책에는 주식 투자로 세계 최고의 부자가 된 워런 버핏이 나와 같은 열한 살의 나이에 100달러를 가지고 처음 주식 투자를 시작했다는 이야기가 실려 있었다.

'동물의 바다'에서 부자가 되는 비결은 그리 어렵지 않게 깨달았다. 비밀은 조개가 쌀 때 미리 사 두었다가 가격이 올랐을 때 되파는 것이었다. 부자 거북이가 된 나는, 이제 게임이 아니라 진짜 세상에서도 부자가 될 수 있을 거라는 자신감을 얻었다.

나는 여전히 주식 투자가 무엇인지, 시간이 지나면 돈의 가치가 줄고 물건 값이 오르는 '인플레이션'이라는 현상이 왜 일어나는지, 또 빚을 지는 것은 가난해지는 일인데 왜 레버리지를 일으키는 일이 부자가 되는 방법인지를 완벽하게 이해하지는 못한다.

하지만 미래의 태토가 마지막으로 한 말에 비밀의 열쇠가 있다는 사실 하나만은 정확히 알고 있다. 바로 부자가 되는 비밀은 모조리 책 속에 담겨 있다는 말.

미래의 태토와 연락이 끊긴 지 1년이 다 되어 갈 무렵이었다. 나는 또 이상한 메시지를 받았다.

- 시간 통신 타이머 오류로 이용에 불편을 드리게 된 점, 사과드립니다. 특별 보너스로 1시간 동안의 시간 통신 이용 기회를 다시 드리겠습니다. (주)타임메시지코퍼레이션

그리고, 잠시 후에 또 하나의 메시지가 도착했다.

- 태토야! 하이루!

안녕 자두야 놀면서 똑똑해지는 **두뇌개발 시리즈**

단계별로 4×4, 6×6, 9×9 스도쿠 기초 230문제, 기본 200문제 수록!

자두가 친절하게 설명해 주는 스도쿠 풀이법이 담겨 있어요!
① 안녕 자두야 **스도쿠 기초**
② 안녕 자두야 **스도쿠 기본**

수수께끼 숨은그림찾기로 집중력을 키워 주세요!

아이들의 두뇌개발에 아주 큰 도움이 되는 신개념 놀이책입니다!

① 상상력이 팡팡 터지는 수수께끼 숨은그림찾기
② 창의력이 빵빵 터지는 수수께끼 숨은그림찾기
③ 사고력이 쑥쑥 자라는 수수께끼 숨은그림찾기
④ 탐구력이 팡팡 점프되는 수수께끼 숨은그림찾기

공부 두뇌가 빵 터지는 교과서 놀이!

재미있는 문제에 놀이가 더해져 아이들이 잠시도 한눈을 팔 수 없게 만든 학습 놀이책입니다
① 공부 두뇌가 빵 터지는 수학놀이
② 공부 두뇌가 빵 터지는 과학놀이

※가까운 서점 및 마트, 인터넷 서점에 있습니다.　※문의: 02-828-89